ton père

Gilles Demer

Contents

Prologue

I love you to the moon and back ou si vous préférez la traduction française:

"Je t'aime de la lune jusqu'ici".

Chaque jour le coeur crée assez d'énergie pour conduire un camion au moins 32,1869 kilomètres .Dans une vie,c'est l'équivalent de conduire de la lune et de son retour vers la terre.Alors,quand tu dis à quelqu'un que tu l'aimes "de la lune jusqu'ici" ,tu lui dis essentiellement que tu les aimes avec tout le sang qui pompe dans ton coeur toute ta vie entière.

Chaque soir avant de dormir dans les bras de votre père,je lui disais que je l'aimais de la lune jusqu'ici.

1-Le temps

Vous savez comment on dit chaque choses en son temps et bien les enfants,j'ai appris cette leçon de la dure manière.

Mais pour commencer,je sais que vous vous voulez savoir comment j'ai rencontré votre père ,c'est une très bonne question (que vous m'avez pas posé d'ailleurs),mais vous voyez je peux pas vous répondre en trous phrases génériques comme les autres parents ennuyants à mourir.

Alors je commence dès le début.

Je crois que la personne qui a inventé le mot routine avait lui même une vie très merdique.Mon problème à moi c'est que je fuyais sans arrêt la routine.Toujours à la recherche du grand amour.La vérité c'est que je n'avalais pas le fait d'être adopté,mais on reviendra sur ce point-là juste un peu plus tard.

Les enfants,si je peux vous donnez une leçon importante ,c'est de ne jamais se presser.Il y a toujours un temps pour chaque chose.

Tout a commencé une nuit bien chaude d'été .J'étais sorti d'une boîte de nuit trop pleine à craqué rempli de gens qui étaient suants de la tête aux pieds.

Dans ce temps-là,je fumais encore.Et oui,les enfants je sais que c'est pas bien,même vraiment pas bien.Mais si je peux vous dire quelque chose,dès la première semaine que je me suis mise en couple avec votre père,j'ai arrêté de fumer.

Bref,je fumais et j'étais perdue dans mes pensées.J'avais ce qu'on appelle un problème d'identité.Moi,Aliya bientôt 20 ans,j'étais très perdue.J'aimais beaucoup ma famille adoptive,j'avais été adopté assez jeune pour les considérer comme ma vraie famille,mais trop veille pour avoir des souvenirs de mon enfance.Il me restait rien de ma famille biologique mis à part mon nom:Aliya.Tout ce que je savais ce que j'étais algérienne et qu'à 5 ans,je me suis retrouvée dans un orphelinat.J'ai été adopté par une famille haïtienne et le reste c'est que des histoires ennuyantes.

Sachez juste que je me retrouvais dans ce monde avec un nom donné sans religion et sans culture distinctives dans mon coeur parce que je ne savais pas à quoi ou à qui j'appartenais.

Je fumais quand on m'interrompt.

-Pardon,tu aurais du feu?

Je me retourne et je vois un bel homme dans toute sa splendeur.Un arabe aux traits particulièrement dangereux.C'était rare de voir des arabes dans le coin et en toute honnêtement,c'était rare que j'attirais leurs attentions.C'était plus les noirs d'habitude.

-Oui bien sûr!

Il alluma sa cigarette en fixant le regard sur moi.

Il tira deux coups et sourit.

-Tiens ton briquet.On t'a jamais dis que c'est pas bien de fumer? Surtout pour une fille...

Dommage que j'étais une vraie poule mouillée avant.

Si c'était aujourd'hui je lui aurais piler sur le pied et je lui aurais gueulé vive l'égalité des sexes,si c'est mauvais pour moi ,ca l'est pour toi aussi espèce de macho!

Mais j'ai dis autre chose.

-Oui on me le dit souvent.

Il me regardait en se mordant la lèvre.

-Je crois que t'es la première fille arabe que je vois dans cette boîte de nuit,d'habitude c'est un endroit de noirs et de latinos.

-Je sais pas,j'aime bien ici

J'ai tout de suite compris que je l'attirais et pour moi,j'étais déjà prête à sauter le pas et lui donner toute mon attention.Les arabes m'intriguaient trop.

Avant de finir sa cigarette,il me demanda mon numéro et comme une imbécile je lui donna sans réfléchir que toute bonne chose peut attendre.Peut-être que mon histoire aurait été différente.

Voilà comment j'ai rencontré Yanis et c'est comme ça que mon adventure a commencé...

2.L'amour

On m'a déjà demandé des tas de fois de décrire c'est quoi l'amour et la seule fois où j'ai répondue avec conviction et avec toute la galaxie entière dans les yeux ,était quand ça faisait quelques jours que je sortais avec votre père.

Sinon à 19 ans,je vous aurais directement parlé de Yanis.Yanis,ce très cher Yanis.Il était le "beau mec",joueur semi professionnelle de basket et détenteur d'une voiture beaucoup trop luxueuse.Il était l'image parfaite de mon rêve de gamine refoulée,celui de sortir avec un "arabe parfait".

Je crois qu'une partie de moi pensait que c'était une manière d'imiter et de comprendre mes parents biologiques,mais bref.

Vous voyez,quand je suis retourné chez moi cette fameuse nuit que je l'ai rencontré j'avais un sourire pendu jusqu'aux oreilles.Plus amoureuse de l'idée d'avoir attiré une bombe que amoureuse de la "bombe" lui même.Mes soeurs riaient, complètement saoules, mais moi cette nuit-là j'étais sur un nuage et je n'étais pas prête d'y re-descendre.

Après trois jours de silence radio,il se décida de m'envoyer un message et croyez-moi heureusement je n'avais pas son numéro ,car je l'aurais harcelé.Alors pendant trois jours,j'attendais patiemment un message d'un numéro inconnu de mon téléphone.Je mangeais ,rongeais mes ongles et fixais mon téléphone.Enfin,quand il m'a donné son attention,je jubilais et sautais partout alors qu'il me disait juste des "salut" ou des "ça va.".Une semaine a passé et chaque moment de libre de ma vie j'attendais soit ses réponses à mes messages ou je lui envoyait des paragraphes.Le matin quand je me lève,chaque deux minutes dans la journée,entre mes pauses au travail,dans ma poche en secret pendant le souper et toute la nuit dans mon lit j'étais sur mon putain de téléphone!La semaine qui a suivi après celle-ci,j'ai joué au fameux jeu:"suis moi je te fuis, fuis moi je te suis."Sauf que c'est moi qui suivais et c'est lui qui fuyait.

Après un moment,je réalisa que Yanis ne m'envoyait que des messa ges.Il ne levait pas son popotin musclé pour venir me chercher dans sa bmw noire dont il se ventait tous le temps.

Et sans comprendre pourquoi,ça me rendait insécure et mélancolique.

Une nuit alors que j'avais congé du boulot,je regardais la télé avec une tête de chien battu.

-Et ben toi ça fait peut-être douze ans que t'as pas bougé d'ici

Je me retourne et je vois ma soeur aînée ,Sarah avec son ami Jason.

-Et en quoi ca te dérange?

Jason me fixait comme d'habitude.Vous voyez comment je vous disais que j'aurais automatiquement mentionné Yanis si vous m'aviez demandé de décrire l'amour et bien,lui il aurait dit mon nom.Aussi longtemps que je puisses me souvenir il a toujours été amoureux de moi.Vous voyez sa mère et la mienne c'est une longue amitié qui retourne à la préhistoire.

-C'est encore l'autre arabe qui te rend laide comme ça?

-Quel arabe?dit-Jason.

-Son futur mari,dit-elle en riant.

-Cris le sous tous les toits s'il te plaît,dit-je.

Jason avait la tête de quelqu'un qui allait perdre conscience et moi,celle qui allait perdre patience.

Alors que j'étais au bout de ma vie,je reçois un message de Yanis qui change ma journée,même je dirais ma vie.

"Ktf? On se voit ou quoi?"

Je crie partout dans la maison comme une vache folle.Je lui réponds automatiquement et je cours me préparer.En me maquillant les lèvres,je regarde dehors et je réalise que le soleil est déjà complètement couché.Je me demande alors pourquoi il pouvait pas me voir pendant la journée.

Je prends mon sac et je file prendre le bus.

J'arrive au point de rencontre dix minutes plus tard.

Il arrive quinze minutes après moi sans même s'excuser et tellement je suis obnubilé par lui je m'en fout.

Il est beau,mais habillé très décontracté ce qui contraste à moi dans ma robe jaune.

-On va où?

-Dans un endroit bien tranquille tu vas trop kiffer

Il me regarde de haut en bas insistant un peu trop sur ma poitrine.

Trente minutes plus tard ,on arrive dans un terrain vide avec une vue sur les avions de l'aéroport qui décollent.

Il enlève sa ceinture,baisse son siège et me regarde avec un sourire espiègle.

-Alors tu kiffes?

-Ouais c'est jolie

-Toi tu es jolie!

Il me regarde de plus en plus intensément et mon coeur bat à 300 km/h.

-Merci Yanis,alors je voulais te demander...

Il me coupe la parole en détachant ma ceinture de sécurité.

-Comme ça tu seras plus à l'aise.

Il commence à me toucher les hanches et je tremble intérieurement.

J'essaie de dire quelque chose,mais rien ne sort.

Il s'approche de moi et je commence à bégayer des trucs.

-Relaxe bébé,je sais que tu en as envie.

-Envie de?

Avant même que je puisse finir ma question,il attaque mon coup de ses lèvres et pose sa main sur mon sein.

Complètement sous le choc,je gèle pendant dix secondes.

-Mais qu'est-ce que tu fais?!

-Chut bébé,t'inquiètes...

Je le pousse de toute mes forces et il me regarde énervé.

-Mais c'est quoi le problème ?

-Je te connais pas,je veux pas faire ça avec toi maintenant!

-Tu vas me faire croire que t'es une bonne fille?

-Qu'est-ce que ça change?

-Tu crois que je t'ai amené pour discuter,dit il en allumant une cigarette et en souriant.

-...

-Je reconnais les bonnes filles et toi,tu voulais que je te baise c'est tout,tu veux juste pas l'avouer

-Tu t'es basé sur quoi?

-Je le sais c'est tout.Bref,tu m'as cassé les couilles là.

Je sors de la voiture pour éviter qu'il voit que je veux pleurer.

Il voulait juste coucher avec moi et moi je voulait juste connaître l'amour.

Je respire un coup dehors quand il démarre sa voiture en me laissant même pas un regard.Je cris pour qu'il revient,mais c'est trop tard il est parti.

Les larmes me montent aux yeux et je n'ose même pas appeler mes soeurs ou même Jason.

Je décide de marcher jusqu'à l'aéroport à côté et de prendre un bus à partir de là.

J'arrive là-bas vingt minutes plus tard,les pieds écorché, l'estomac à l'envers et les yeux tous rouges.Je marche tête baissée quand je fonce dans quelqu'un.

Je lève les yeux pour m'excuser et la première chose que j'aperçois sont des yeux bleus perçants d'un homme....

3.Les étoiles

Vous connaissez l'expression : «there's plenty of fish in the sea ?»(Il y a plein de poissons dans l'océan).

L'expression faisant allusion qu'il y a tellement d'hommes et de femmes sur la terre qu'il ne faut pas se rabattre sur une personne lorsqu'on a une déception amoureuse.

Moi ,j'ai toujours vu les choses différemment. Je ne voyais pas des poissons,mais plutôt des étoiles.Oui,j'au toujours cru qu'il y a plein d'étoiles dans le ciel,que leur scintillement serait une sorte de métaphore reflétant sur nos âmes et que même s'il y en a des tonnes,on a tous une seule étoile.

Un seul amour.

Je me souviens encore la première fois que j'ai rencontré votre père : j'ai toute de suite su qu'il était celui pour moi.Certaines âmes sont sombres et d'autres sont lumineuses.Son âme était nacrée, brillante, constellée et étincelante.Quand il rentrait dans une pièce, tous les regards des femmes se dirigeaient vers lui.Il était comme une étoile filante qui ne cessait de dessiner le ciel.

Tout ça pour dire qu'au moment exact que Yanis m'avait laissé seule dans un trou perdu et qu'on m'aurait dit :un jour tu auras non seulement une étoile,mais la plus belle étoile filante,j'aurais glissé un petit sourire.

Mais malheureusement personne ne m'avait prévenu.À l'aéroport,je suis tombé sur un ami ,enfin,un collègue de travail.

Et oui les yeux bleus n'appartenait pas à votre père.Par contre,si je vous mentionne cette rencontre hasardeuse ce n'est pas pour rien.

Revenons au pique de l'histoire.-Aliya? Ça va?

J'étais stoïque.La dernière personne que je croyais croisé à l'aéroport était David.David,le portugais aux yeux bleus.On travaille ensemble au restaurant et disons qu'appart le bonjour et le bonsoir,on n'avait pas de grande discussion.

Alors que j'essayais de masquer mon visage de déprimée,David se grattait le derrière de la tête et fit quelque chose dont je serais pour toujours redevable.

-Et tu sais quoi? Mon ami habite à quelques rues de chez toi,je te dépose?

Sans même que j'aille glissé un mot,il avait compris et il m'aida.

Je hocha la tête.

-Ahh le voilà!

Je me retourne et je vois un grand gars musclé avec un sourire aussi blanc que la neige.C'est toujours quand on est moche qu'on voit les plus beaux gars possibles!

-On va la raccompagner !

C'est alors qu'il me remarque et je sens qu'il me regarde alors que moi j'ai les yeux bien fixés sur mes sandales hautes.

Je vois une main qui semble vouloir serrer la mienne.

-Salut,moi c'est Aymen!

Je lève les yeux et lui serre la main.

Il était magnifique,limite on l'avait fait à l'ordinateur celui-là.

Ils mettent leurs bagages dans le coffre arrière et j'attends patiemment dans la voiture à renifler.

Le trajet fut passable.Les deux parlaient pendant que moi je regardais par la fenêtre.J'étais en train de réaliser que j'avais pas de chance avec les gars.

David a finis par me ramener juste devant chez moi,je l'ai remercié et j'ai filé dans mon lit sans parler à personne.J'ai dormi pendant longtemps.

Deux jours plus tard je travaillais au restaurant tranquillement avec la perte totale de mon sourire habituelle.

À la fermeture,je nettoyais une table quand David vient me voir.

On se dit nos fameux bonjour etc., quand quelque chose se déclenche.

-Alors euhm, comment tu l'as trouvé Aymen?

-Je l'ai pas trouvé,c'est toi qui me la présentée

Il commença à rire.

-Tu esquives les questions comme ça toi

-Je comprends pas pourquoi tu me demandes comment je l'ai trouvé,je ne lui ai même pas parlé

-Bon et si je reformule...tu sortiras avec lui un soir?

Je fais tomber mon éponge.J'y crois pas et moi qui croyais que David voulait me narguer.

-Pourquoi?

-Il est intéressé et il veut savoir si tu l'ai aussi...

-Attends on parle du même Aymen?

-Il y en a un autre?

-Monsieur qui ressemble à un mec d'insta ? Monsieur qui est un Photoshop humain?

-Euhh ouais j'imagine

-Le mec d'hier là?

-Oui Aliya

-Arrête, tu mens!

-Demain,il va venir au resto vers 18h ,tu lui parleras à ton mec d'insta

Voilà comment j'ai connu une autre étoile,l'étoile Aymen.

4.La lune

Il n'y a rien de plus véridique que les deux phrases suivantes:on ne choisit pas sa famille et on ne choisit pas qui on aime.

Je revenais chez moi ce soir là avec une sacrée boule dans l'estomac. Qu'est que ça voulait dire "Aymen va venir demain"?

J'embrasse ma mère sur la joue en rentrant et je file dans ma chamb re.Je sors tout mes vêtements de ma penderie et je réalise comme une imbécile que j'ai un uniforme au travail.

Je me dis que je peux me changer après,peut-être qu'il voudra me voir.

Je regarde mon maquillage et je me dis je peux l'accent sur mon visage peut-être.

Je regarde mes traits et à force de les avoir regarder,je me trouve bien banale.Les cheveux bruns miel et les yeux qui suivent la même couleur,je me trouvais trop laide pour lui.

J'essaya de m'endormir,mais mon coeur battait trop fort.Et si Aymen était le bon?

Je me réveilla le lendemain avec des putains de cernes que mes soeurs ont décidé de m'appeler kung fu panda.Le soir arrive rapidement et Aymen est venu au resto,je stressais comme jamais.

Mes doigts n'avaient plus d'ongles.

Je nettoyais une table faisant comme si je ne l'avais pas vu.

-Salut!

Je me retourne et il est là,encore plus beau que dans mes souvenirs qui remontent à quatre jours.

-Je sais que tu travailles,mais quand tu finis on pourrait aller manger un truc?

-Euhh oui d'accord!

Comme convenu il est venu me chercher et on a mangé un dessert dans un bistro du coin.

En toute honnêteté,je n'avais rien de mal à dire de lui.Il était gentlemen et durant le repas il m'a faisait sentir à l'aise.Je n'avais rien de plus à dire,à détailler ou à décortiquer.Je ne vous mentirais pas ,mais avec Aymen les choses sont allés vite au point que je n'ai pas compris le pourquoi du comment.En un claquement de doigt ca faisait déjà une semaine que je le voyais assez souvent,une heure ou deux par jour.

Il était beau et on passait du temps ensemble comme les gens qui s'apprécient sont supposés faire,mais pourquoi j'avais l'impression des fois de me sentir insatisfaite ,Même vide à ses côtés.Sans qu'il ai fait quoique ce soit de mauvais,c'est comme si mon corps était présent,mais que mon âme volait quelque part d'autre.Peut-être que c'est ça l'amour.Peut-être qu'en vérité les films nous ont lavés le cerveau.

J'ai toujours cru que l'amour c'était sauter en haut d'un immeuble sans avoir peur,toujours être sûr de retomber sur cent kilos de coussins .Un sentiment qui mélangeais l'adrénaline au confort délicieux.

Un soir,on se promenais sur la plage juste après que j'aille finis le travail et il n'arrêtait pas de regarder la lune.

-Elle est belle hein?

-Trop même.

J'admirais les étoiles quand il changea ma vie avec des simples paroles.

-Tu savais que le coeur crée assez d'énergie pour que tu conduises un camion 32 kilomètres.

-Ah non je ne savais pas!

-Dans un vie entière,c'est l'équivalent de conduire de la lune et son retour exactement ici.

-Wow,c'est fou...

-Tu veux entendre plus fou?

-Oui bien sûr!

-Tu sais quand on I love you to the moon and back et bien,c'est comme dire à quelqu'un que tu l'aimes avec tout le sang qui pompe ton coeur toute ta vie.

-C'est magnifique...je me promets que quand j'aimerais quelqu'un je lui dirais comme ça!

Et cette promesse je l'ai tenu.Je l'ai dis en premier à votre père.

5.Les sorties et les biscuits

La première définition d'embrasser selon le Larousse est de donner des baisers à quelqu'un.

Rien de moins,rien de plus.

Cette nuit-là sur la plage,Aymen m'embrassa.Ce n'était pas mon premier baiser et ce n'était pas la première fois qu'il m'embrassait,mais cette fois-ci je sentais qu'une partie de lui aurait voulu aller plus loin.Pas le plus loin que vous pensez tous,mais le plus loin dans le sens de mettre plus d'ardeur dans son baiser et de m'enlacer plus fort.

On se quitte sur ce baiser et un long sourire de sa part.

Je m'assois dans un parc à cinq minutes de chez moi.

Ca faisait déjà une semaine et demie que je le connaissais,qu'on sortait occasionnellement ensemble et me voilà après un superbe rendez-vous en train de fumer une cigarette,limite si je ne la bouffais pas.

Ses trois dernières semaines avaient eu comme impact de bien me retourner le cerveau.Comment un gars comme Yanis qui est problablement la version humaine d'une crotte de nez m'aie autant captivité alors qu'Aymen, un biscuit bien doré,le biscuit arabe que j'ai toujours voulu ,me laisse confuse et sur ma faim.

J'y réfléchissait.

Le problème c'est que ce biscuit est sec.Ce biscuit ne m'a pas laissé le temps de l'admirer,de rêver de pouvoir l'acheter et de le manger,on me la juste donner et ça en a perdu toute sa valeur.Ce biscuit n'a pas la saveur que je croyais qu'il allait avoir.

Je suis rentrée chez moi cette nuit et il s'est passé ce qui se passe dans 75 % des relations de nos jours,le temps a fait de nous des étrang ers.Je ne cherchais plus autant après lui et lui pas trop non plus,on s'envoyait de moins en moins de messages et chaque sorties étaient toujours reporté à un jour qui n'avait au bout du compte jamais lieu d'être.Avec le temps,l'habitude de se parler était devenu un effort à faire et cela nous a rendus des pures étrangers.Après un moins,c'est comme si sa présence dans ma vie n'avait juste jamais existé.Je connais des tas de gens qui m'auraient dit s'il te parle moins à toi ,c'est qu'il parle à une autre.

Peut-être,mais le point est que ce n'était juste pas de l'amour.

Quand tu tiens à quelqu'un ,que tu vois les choses se dégrader entre vous ,que tu tires sur ton côté de corde le plus fort,mais que malgré vous tombez quand même, tu dois l'accepter.Tu dois accepter le fait que tu ne vas pas garder toutes tes relations jusqu'à la fin de ta vie.

Ce qui nous ramène à moi qui décide de profiter de ma jeunesse.

Vous voyez les enfants chaque morceau de cette histoire est un domino qui tombe me rapprochant de votre père parce qu'un soir je suis sortie et j'ai rencontré le frère de votre père.

Je vous ai dis qu'on ne choisit pas sa famille.

C'était un vendredi...

6.La Famille

C'était un vendredi soir.

Depuis quelques temps j'avais l'habitude de sortir souvent,même très souvent.Je ne vous parle pas souvent de mes amis,mais ne vous inquiétez pas il y a un petit groupe de gens qui m'aime bien.Je sortais souvent avec Gabriella (lulu pour les intimes) et Eva. On reviendra sur deux-là plus tard dans l'histoire.

Tout ça pour dire que cette fameuse nuit ,les choses allait se dérouler tellement différemment de la normal.

Vous voyez la nuit avant,il y avait une bombe qui avait explosé chez moi et je n'étais pas au courant parce que j'avais dormi chez lulu.

La bombe était que Sara,ma grande soeur,s'était fait largué par son copain après deux ans de relation.Honnêtement je n'en savais trois fois rien de leur relation.Elle n'en parlait qu'à mon autre soeur Alycia, car ses deux là c'était toujours la compétition.Et dans ce cas-ci,c'était qui allait se marier en premier.Je ne sais pas si Sara était plus triste de perdre Tristan ou bien de perdre sa place dans la course contre Alycia.

J'ai lu quelques part une blague qui disait:-Et sinon toi l'amour t'en est ou ? -Tu vois la ligne de départ ? -Ouais.-Bah moi je suis encore dans les vestiaires.

Il n'y avait rien de plus véridique pour ma situation .J'étais loin de me douter que j'allais être la première des trois à se marier,mais on reviendra là dessus plus tard.

Bref,comme ma soeur vivait la rupture de sa vie,on est sorti le vendredi avec deux de ses amies pour qu'elle se change les idées.

Je me souviens encore que je portais une robe bleu et que je trouvais le club hyper trop rempli encore une fois.

Ma soeur se saoulait et moi honnêtement ça n'avait jamais été mon truc l'alcool.

Ma soeur disait des conneries et dansait comme une vraie folle.C'est alors qu'elle remarque un bel homme.Moi ce qui m'avait frappé du bel homme était sa couleur de peau,un pur caramel.

-Aliya,ce soir je repars avec son numéro,dit-elle en le pointant.

-Oui bien sûr,dit-je sarcastiquement.On dirait plutôt le genre de gars qui occupe absolument personne.

Elle vida son verre de vodka en une gorgée .

-Et bien,tout le monde sauf moi.

Et si ma soeur n'avait pas autant bu ,qu'elle n'avait pas remarqué le bel homme caramel et que Tristan l'ait quitté un jour plus tard,rien de ce qui va suivre ce serait passé.

En gros,ma soeur fonce sur Monsieur.Inconnu en disant absolument n'importe quoi.Je la rattrape en lui disant de s'asseoir,mais elle touche le bras de caramel qui lui n'a pas l'air ni de détester ,ni d'adorer son toucher.

-Allez Sara viens!

Sara allait me répondre quand elle tombe par terre comme une mer de.Caramel l'aide à se relever.

-Tu peux m'aider à la faire sortir d'ici?

-Ouais on y va,dit-il en criant sous la musique.

Il m'aide à la diriger à la sortie et elle s'assoit sur le bord de la rue.

Il se tourne et dit :Elle devrait boire de l'eau pour se dessoûler je crois

-Ouais on va juste rentrer,merci beaucoup!

Il regarde ma soeur en souriant dans le coin.

-Elle est mignonne quand même

-Quand elle veut!dit-je en riant

Il souris et me propose de nous ramener.

Je refuse en disant qu'on prendra un taxi.

-Bon alors salut,à la prochaine peut-être!

Il sort les clés de sa voiture.

Je remarque aussitôt deux drapeaux dans son porte clé.Celui de l'Algérie et celui de l'Haïti.

Ma bouche s'ouvre alors qu'il s'éloigne et j'essaie de former des mots ,mais je reste muette sans savoir que je venais de rencontrer mon futur beau-frère.

7.L'accident

3 secondes peuvent tout changer dans une vie. Changer de route,changer de direction,changer d'idée,changer qu'une petite chose rend tout ce qui est vieux quelque chose de nouveau. Mais je me répète 3 secondes peuvent tout changer et si on me l'aurait dit plus tôt,j'aurais tout changer.

Après avoir connu Aymen ,j'ai continué d'aller marcher à la plage quelques fois par semaine.Je faisais beaucoup de folies ces derniers temps je l'admets,mais je crois que c'est une forme de carapace de sécurité que je m'étais créé.

Je me disais que si je pouvais continuer à fêter,de faire semblant que tout allait bien alors je finirais par aller bien.Les plus grands psychologues de tous les temps ramènent toutes la plupart des maladies mentales au déroulement de l'enfance d'un humain.

Je commençais à y croire.

Tellement concentrée,je marchais comme à l'habitude sur le sable peu importe le bruit autour de moi.Quand soudain j'entends un rire aigue suivi d'un "non arrête " sous des rires encore plus prononcées.Je suis le bruit de mes yeux et je vois Aymen avec une fille à l'endroit exacte où on avait l'habitude de marcher et de se câliner.

C'était comme ça alors? Je n'étais qu'une parmi tant d'autres?Même s'il n'avait jamais été l'homme de ma vie,je me rendais compte que peut-être que je n'avais rien de spéciale.Si c'était moi le problème?

Trop prise par les émotions,je suis parti en courant à la recherche d'un taxi pour rentrer chez moi.

Je rentre dans le premier taxi sans réfléchir et je lui dis mon adresse en baissant la tête.

Je m'assois et je regarde par la fenêtre.Je prenais jamais le taxi et le chemin qu'il prenait n'était pas ma route habituelle.Comme j'ai dis plus tôt: changer qu'une petite chose rend tout ce qui est vieux quelque chose de nouveau.

-Monsieur,vous prenez un chemin plus long non?-C'est un chemin qui va nous éviter le traffic.

Et j'aurais pu contester,mais j'étais à manque d'énergie.Je regardais la fenêtre et ça n'a pris que trois petites secondes.

Ca n'a pris que trois secondes pour qu'un camion nous rentre dedans.

Vous savez qui conduisait ce camion?Adam,l'ami de votre père.

8.Adam

Beaucoup de gens disent voir leurs vies défiler sous leurs propres yeux quand ils sont victimes d'un accident.

Pas moi.

C'était comme être instantanément endormie,un écran qui devient noir.

Le camion est rentré du côté du conducteur et donc,je ne l'ai pas vu venir.

Je me suis réveillé des heures plus tard à l'hôpital avec un plâtre aux bras et j'avais mal partout sur le corps.J'ai touché mon visage et j'ai sentais des blessures.

Je bouge la tête vers ma droite et je vois ma soeur Sara complètement endormie sur une chaise.

Je touche sa main et quelques instants plus tard elle se réveille en sursaut.

-Tu nous as fais une des peurs !!!

Je le regardais sans vraiment répondre.

-Ca fait un jour que t'es ici. Maman et Alycia viennent tout juste de partir.Dieu merci tu es toujours en vie.

Des heures plus tard,elle est partie.Je voulais lui demander des nouvelles du taxieur,mais je n'osais pas.

Alors que je regardais la télé dans la chambre d'hôpital,un homme basané est rentré dans ma chambre.

-Salut,je sais qu'on se connaît pas,mais je m'appelle Adam.

Je continue à le regarder le sourcil levé.

-J'étais le conducteur du camion qui t'as... qui vous a...

-C'est une drôle de manière de se présenter

Il commença à rire nerveusement.

-Je peux m'empêcher de vouloir m'excuser.La police dit que c'est le taxi qui a brûlé le feu rouge...

-Tu veux mon pardon?

J'étais un peu tendue.On dirait que me retrouver ici à cause d'un homme m'avait développer une haine envers les hommes parce que la dernière image que j'avais était un certain homme à la plage avec qui je croyais avoir quelque chose de "spécial".Bref,ça faisait du sens dans mon tête.

-Bah tu vois pour me pardonner il faut que je le mérite et je veux m'engager à t'aider jusqu'à ce que ton plâtre tombe...

Pourquoi il parle comme un premier ministre celui-là?

-Non c'est bon t'as mon pardon,dit-je en montant le son de la télé et en la fixant.

Adam me regarda un bon une minute et parti doucement.

Le jour d'après,la même histoire,même discours.

Je plaignais l'hôpital de me garder aussi longtemps en observation.

Le surlendemain,il est revenu pile quand je quitta la chambre avec l'aide de ma soeur Alycia.Il vena directement nous aider.

-C'est qui lui?

-Le gars qui a conduit le camion.

-Et ben,il prends tes affaires comme si sa vie en dépendant...

-Il veut pas me lâcher,il veut m'aider à me rétablir

-Y'a que les arabes qui tournent autour toi

Je me retourna et j'observa bien Adam.Il était beau c'était difficile à nier.Belle mâchoire et barbe,grand etc.

Alycia disait à Adam où était la voiture pour qu'il y dépose mes affaires.

Alycia m'ouvre la porte de sa voiture et je reste figée.

-On peut marcher?

Je ne voulais pas l'admettre.Ses quatre roues me faisaient peur.

-Ali...t'as pas à avoir peur,je dois retourner au boulot dans 30 minutes en plus!

Alycia ne savait pas la définition d'un choc post traumatique.

-Viens si tu veux on marche jusqu'à chez toi,dit-Adam

Je regardais Adam et je regardais la voiture.

Je ne voulais admettre aussi qu'Adam était moins pire que la voiture.

-Oui c'est une bonne idée,je dépose tes choses à la maison!

Alycia s'en foutait un peu de moi. Adam n'était qu'un pure étranger après tout. Elle avait toujours été un peu égoïste.Je claqua la porte et je pris le chemin vers chez moi.

Adam me rattrapa.

-Alors tu t'appelles comment?

-Tu sais pas le nom des gens que tu harcèles?

J'étais dure avec lui,mais je crois qu'au fond de moi je voulais à tout prix un coupable de tout dans ma vie.Il était si gentil que je lui retombait tout dessus.

-Tu es toujours aussi froide avec les gens ou tu es énervé de la situation? Je me suis excusé et ton taxieur c'est un con,il aurait pu vous tuer!Il s'en ai très bien tiré!Moi j'ai ce putain d'accident sur la conscience! J'ai perdu mon emploi à cause de ça !

Mon visage s'est radoucit,il avait aucun tort à son compte.

-Désolé c'est juste les nerfs de femme fatiguée

Et à ma surprise il a dit:Ah c'est bon,on a tous nos moments.

C'est alors qu'il a commencé à me parler de tout et de rien.Il me posait des tas de questions au point que je réalisais pas qu'on avait marché plus de la moitié du chemin.

On arrive proche d'un café.

-Tu as envie d'un café?La nourriture d'hôpital se doit d'être nettoyer de ton estomac.C'est moi qui t'invite !

Alors j'ai accepté.

On s'est assit et on a bu un truc différent chacun.

Je regardais par la vitre quand il m'a interrompu de mes pensées rapidement.

-Tu me fais trop penser à un ami à moi

-Ah oui ? Qui ça?

-Tu connais un

Il arrêta de parler automatiquement en remarquant le téléphone vibrant sur la table.

-Désolé je dois vraiment prendre ça.

Il se leva de table et parla au téléphone quelques minutes.

Il revena avec un petit sourire.

-Alors de quoi on parlait?

Et peut-être s'il n'avait pas pris cette appel ou il l'avait finis une minute ou deux plus tôt je me serais souvenu de quoi on parlait et j'aurais rencontré votre père plus tôt.

Mais chaque instants de la vie est déjà orchestrés alors quand il m'a demandé cette question,je n'ai pu que répondre; je ne me souviens plus!

9.Âmes soeurs

Vous croyez aux âmes sœurs? J'aime cette idée:que quelqu'un,quelque part est fait pour toi ,pour toujours.

Plus je rencontrais de garçons avant de rencontrer votre père,plus j'avais la conviction que mieux m'attendrait,qu'il serait là un jour que je m'y attendrait le moins.

Ce qui est le plus fou c'est de réaliser que si je n'avais pas rencontré une personne spécifique,à un moment spécifique,ma vie serait allée dans une direction complètement différente.

Je vous ai laissé à Adam qui m'aidait à me rendre chez moi.Figurez vous qu'il m'a aidé pendant presque un mois.

J'ai démissionné du restaurant,car j'en avais marre de travailler avec une tête qui me faisait à Aymen.Adam était le petit coup de pouce dont j'avais besoin.

Bref,ce qui me ramène à ce fameux mercredi.

Je regardais les postes d'emplois et Adam m'aidait.

-Tu m'as jamais dis tes origines Aliya!

-Je suis algérienne enfin c'est ce qu'on m'a dit

-C'est ce qu'on t'a dit?

-Je suis adoptée et la fille que t'as vu vendredi passée c'était ma soeur

-Attends haïtienne et algérienne?!C'est fou parce que mon ami est...

Il se fit interrompre par quelqu'un qui cria:ADAM!

Ce n'était pas notre moment je crois.

On se retourne et je vis probablement un des plus beaux métisses à marcher sur terre.

Il check la main d'Adam et quand il arrive à moi il sourit. Ce putain de beau sourire.

-Aliya Eli.Eli Aliya!

Il me tenda la main pour que je la serre.

Et voilà comment j'ai rencontré le premier homme que j'ai aimé.

10.La première Foisqu'ilm'avu

Je veux juste rappeler qu'Adam c'est l'ami du fameux père.CE N'EST PAS SON FRÈRE.Le frère du père on ne l'a vu qu'au club,on ne le connaît pas.Tous ce qu'on sait de lui c'est les drapeaux (Haïti+ Algérie)sur son porte clé.

J'étais là ,assise dehors à côté d'Adam et Eli qui ne me lâcha pas du regard.En deux-trois mouvements,il a engagé la conversation et un long manège entre nous a commencé.Ça a cliqué tellement vite que je ne croyais pas de trouver quelqu'un avec autant de goûts et d'intérêts communs.Ça n'a pas été ce que j'appelle le coup de foudre ,mais c'était le genre de personne qu'après quelques conversations elle devenait une des personnes préférées au monde.En dix-neuf de vie ,je n'avais jamais ressenti cette soif de vouloir autant parler à qu elqu'un.On avait complètement mis de côté Adam et sans hésitation je lui donna mon numéro quand Eli me l'a demandé.

Le soir même, je suis rentrée avec plein de papillons dans le ventre.Il occupait toutes mes pensées.Je me souviens avant de dormir,il m'en-voyait des messages et je préférais lui parler plutôt que dormir.

Appel entrant:Eli.

-Allô?-Salut la plus belle

Je souriais comme une imbécile heureuse.

-Ça va? Tu faisais quoi?

-Sans te mentir je pensais à toi, je voulais t'entendre encore un peu

-Et dire qu'on s'est rencontrés qu'aujourd'hui!

-C'est fou,on dirait pas!

-Je sais!

-Alors ça te dirait qu'on se voit vendredi?

-Oui j'aimerais bien! Qu'est qu'on va faire?

-On décidera en chemin!

Ce vendredi après-midi,il est venu me chercher chez moi et on avait que parlé toute la journée dans sa voiture.Rien de plus,rien de moins.

Ce qui était bien ce qui lui aussi fumait et on partageait ses moments de fumet.C'était un haïtien/français et il arrivait qu'on parle créole ensemble .

J'étais bien et mon amour pour lui s'est vite créé en oubliant tout ce qui s'était passé auparavant avec les autres.Plus le temps passait,plus je plaçait cette confiance en lui.Pour moi,il représentait le seul homme important dans ma vie.

Après un mois et demie de rencontres ici et là,j'étais devenu sa copine.

J'aimais tout de lui.J'aimais fait qu'il était grand,sa cicatrice sur son sourcil,ses bras musclés,son accent sexy,ses lèvres parfaitement dessinées,son parfum sucré,sa manière de m'embrasser et de me toucher,ses yeux marrons clairs,sa manière de rire ,de me raconter sa journée et d'imiter les gens...absolument tout.Je faisais tout pour le garder.Je lui cuisinais des plats,je lui faisais des massages et je lui donnais toute mon attention au détriment de mon propre bien être et de mon entourage.

Quand ça faisait à peu près deux mois et demie qu'il était dans ma vie,ma mère m'a annoncé qu'on devait déménager.

On n'allait pas faire un déménagement drastique, c'était une demie heure plus loin de chez moi,mais moi je ne voulais pas quitter cette maison.C'était les derniers souvenirs qu'il me restait de mon père adoptif qui était mort quelques années plus tôt d'une crise cardiaque.

J'étais loin de savoir que ce déménagement allait m'être bénéfique.

Ce n'était pas le seul changement dans ma vie.Dans deux semaines,je commencerais à travailler au magasin préféré d'Eli,le foot locker.Je lui gardais la surprise pour lui acheter la plus belle paire du magasin.

Garder en tête tout ce que je vous dis parce que comme je l'ai mentionné plus tôt:l'effet domino.

Bref,deux semaines plus tard,Eli m'avait dit qu'il allait avec ses amis dans un club combiné à une shisha.Ce soir là je devais aider ma mère à faire les boîtes de déménagement après avoir travailler au foot locker.

Comme je voulais lui garder la surprise,je lui ai juste dis que j'étais malade donc que je ne pourrais pas venir.

Ça devait être une nuit comme les autres non?

Non.

Je finissais les boîtes tranquillement quand Lulu (une de mes amies) me m'envoie un message:

-Yo,est ce que c'est toi avec un top jaune aux mille et une nuit (le club/shisha)?

-Non,je suis chez moi ! Je crois que tu es trop saoule,oui!

-Je te jure sur la tête de ma mère qu'il y a une fille qui embrase Eli aux milles et une nuit

Quand j'ai lu le message,j'ai fais tomber mon téléphone.

J'ai relu le message cinq fois et j'ai crié le nom de ma grande soeur.Sara est venu en courant et je lui ai montré mon téléphone.

-ok habille toi et je prends les clés de la voiture.

Vous l'avez bien compris ,il fallait que je vois de moi même!

On arrive là-bas cinq minutes avec le stress à fond la caisse.

Il m'a fallu trois secondes pour que mon cerveau prends pour reconnaître un visage familier. Son visage.Eli qui était assis et une fille sur lui.Il l'embrassait comme s'il n'y avait aucun lendemain.

Vous voulez que je me décris à cette instant là?Le son de la musique a son maximum qui faisait battre mon coeur meurtrie,moi dans une robe noir et les larmes qui coulaient sur mes joues.

Chaque manège a une descente...

Les enfants je vous ai dis que c'était comme ça que j'avais rencontré le premier homme que j'ai aimé,pas votre père.

Vous savez ce qu'il y a de plus drôle?Votre père était là à ce club et il m'a vu.

Mais moi je ne l'ai pas vu.

11.La force

On m'a dit transforme cette douleur en force,c'est un pouvoir puissant.J'aurais dû peut-être les écouter.Mais je ne l'es ai pas écouter.À la place, j'ai fumé.

Les cigarettes que je considérais fumer occasionnellement était une devenue une habitude quotidienne.Une le matin,une l'après-midi et une le soir.

Et si je revenais au moment où tout a changé.

J'étais là,stoïque devant un homme qui considérait plus la peine d'être fidèle à moi .Il y a beaucoup de malheurs et d'injustices auquel des milliards d'humains font face tous les jours,mais l'infidélité c'est quelque chose qui vient remettre toute ta propre valeur en question et si on ne le vit pas on ne peut pas le comprendre.Dites vous que vous donnez absolument tout à quelqu'un,vous mettez votre âme complètement à nue et pour cette personne ce n'est pas assez. Je n'étais pas assez.

J'ai tout de suite mis la main sur ma bouche.

Dès que ma soeur l'a vu,elle a dit très mots grossier qui le décrivait assez bien.-Attends ici,je vais bien lui régler son compte.J'étais juste figée.

Dites vous que votre père était là et il voyait ses larmes couler sur mes joues.

Il m'a dit que même dans ce moment,il m'avait trouvé absolument magnifique peu importe les circonstances .Que rien ni personne aurait pu lui faire enlever ses yeux de moi.Adam était présent et lui aussi affirme encore aujourd'hui qu'il était complètement absorbé par moi.

Malheureusement je ne l'ai pas vu cette nuit-là.Quand votre père a dit à Adam que j'étais à tomber par terre,ma soeur s'amusait à jeter des verres à Eli et le gardien de sécurité était en train de l'escorter dehors.

Évidemment Eli n'a pas osé me regarder.Je me trouvais à dix mètres de lui et mes pieds n'arrivaient plus à bouger.

Les insultes de ma soeur dirigées vers Eli m'ont réveillés et on s'est retrouvés dehors.

Ma soeur continuait à crier à quel point elle allait lui couper ses parties intimes et moi je me suis assise sur le trottoir.

-T'as une cigarette Sara? Dit-je en séchant mes larmes et en la coupant de son long monologue.

-Je...je crois pas

-Tu peux m'en trouver une?

Elle s'exécuta sans poser de questions.Deux minutes plus tard,elle revena avec un gars qui avait un paquet plus un briquet.

Voilà comment mon addiction a commencé.Chaque fois que je voulais pleurer,je fumais et ça me calmait sauf une fois dans la douche quand je suis revenu de cette nuit horrible.Et après ça,je me suis promis de plus jamais pleurer pour lui.

On passe par beaucoup de stades pour oublier quelqu'un qui a tout fait pour rester dans notre tête et notre coeur.

Je crois que le pire moment était de réaliser qu'après tout ça,il me manquait quand même.

Quand le manque surpasse l'envie d'être heureux,c'est là que vous savez que vous êtes dépendant de quelqu'un.

Dans ses moments où chaque chose que tu aimais auparavant n'a plus le même goût,que chaque petite chose insignifiantes te fait penser à celui ou celle qui a brisé ton coeur,tu dois t'obliger à retourner sur la piste de course qu'on appelle la vie et courir le vite que tu peux sinon le gouffre de tristesse te rattrapera.

Je devais instaurer de la nouveauté dans ma vie.

Les chances étaient de mon côté,je déménageais.Quoi de mieux que de recommencer quelque part d'autre?Je décida aussi de changer de numéro pour vraiment repartir d'un pied vif.Quelque chose que je n'aurais pas dû faire au final,mais ça vous le saurez plus tard pourquoi.

Vous vous souvenez de lulu?Ma meilleure amie?Et bien,je peux vous dire qu'elle était là pour moi en me changeant les idées.Enfin,elle essayait de me changer les idées.Elle me disait d'arrêter de fumer et m'amènait ces patchs de nicotine que je jettais à la poubelle.C'était une des fortes épaules que j'avais quand je voulais être réconfortée.El le m'a même aidé à trouver un nouvel emploi dans mon coin, serveuse dans un bistro.

Vous vous souvenez d'Eva? Je ne crois pas.C'était mon autre meilleure amie.Elle était moins présente que Lulu,mais elle était là.

Les trois on était des amies depuis l'âge de 12 ans.On se faisait appeler les Totally spies.

Pendant cette période là,notre lien d'amitié s'est encore plus renforcé.

C'était un lien fort entre des soeurs de coeur.

Plus tard dans l'été ,jai alors décidé de teindre mes cheveux en noir et de les couper.Je ne voulais plus plaire à personne et juste expérimenter.

Disons que mes sœurs ont criés quand elles ont vu ma nouvelle coupe.

-ALI T'ES SÉRIEUSE? TU SAIS COMBIEN DE TEMPS CA M'AURAIT PRIS POUR AVOIR TA LONGUEUR DE CHEVEUX?!

Alycia tchipa haut et fort.

-Elle mets pas de tissages ,c'est pour ça.

Bref,j'avais mes amies,ma famille et mes cigarettes.J'étais un vrai mollusque de l'intérieur.Un mois plus tard est arrivé la rentrée scolaire et il était prévu que j'aille m'installer dans les résidences d'université pendant un an loin de chez moi.

On m'a souvent dit qu'il faut se méfier de l'eau qui dort,tout a fait du sens par la suite ,car tout a changé.

12.Nouveau ouvieux

Je me suis toujours dis que dans quelques choses dans la vie,ce qui est vieux est mieux que ce qui est nouveau.

Comme par exemple,j'ai jamais pensé à me faire des nouveaux amies ou amies jusqu'à je rentre à l'université.

Je me suis toujours dis aussi que c'était mieux de lâcher prise que d'espérer sans bouger.Comme par exemple,je n'arrivais pas à oublier Eli alors qu'il le fallait.

C'était plus que nouveau pour moi,c'était un nouveau chapitre de ma vie.J'habitait sur le campus de l'université et j'habitais dans un appartement avec 2 autres filles que je connaissais pas.

Une était asiatique,japonaise pour être précise.Elle s'appelait Jade et elle était très calme.

Et il y avait Maria.Une latina-arabe.

Au début on se disait que bonjour et ça va.Je croyais sincèrement que ma vie universitaire serait une période que je passerais très seule,jusqu'au jour où je l'ai trouvé à plat ventre sur le tapis en train de crier.

-Euh ça va?

-NON! JE VAIS LE TUER JE TE JURE!

Elle se retourne avec les yeux remplis de haine.

-...

-Aliyah c'est ça?

-Oui!

-Tu peux m'aider à me venger de mon futur ex-copain?

-Euh...pardon?

-J'ai juste besoin qu'on me dépose à un bar et vu que tu as une voiture...

-Ah oui et pourquoi un bar?

-Parce qu'il est en train de tripoter une autre fille

J'ai pas hésité et on a limite couru pour atteindre ma voiture.

Vous devez trouver ça bizarre,enfin toute cette histoire de rencontre est bizarre.Aider Maria allait m'aider à passer à autre chose sans que je m'en rendre compte.

Le moment que Maria vu son copain faire exactement ce qu'Eli a fait à moi,elle a quelque chose dont moi je n'étais incapable:lui crier dessus.

Elle lui a complètement vidé le sac au point que j'ai senti une connexion dans ses paroles.Je savais exactement c'était quoi de mettre son entière confiance en quelqu'un et qu'on puisse la détruire sans aucune raison.

Elle lui lança même son verre de coca qu'elle avait commandé avant de lui régler son compte.Elle avait réfléchis à tout,une vraie folle!!

Il s'insulta à voix haute sans aucune retenue.

-Tu trouveras pas une fille qui t'a supporté comme moi!La roue tourne et t'inquiète pas qu'un jour je rirais le jour que tu seras malheureux.

- Redonne moi mon chandail!CELUI QUE TU PORTES ESPÈCE DE CONNE.

-Sans problèmes.

Elle retira son chandail devant tout le monde et il faut que Maria avait un corps plutôt parfait.À la fois les courbes et le taille fine.

Elle parta avec un petit sourire aux lèvres et moi qui la suivait plutôt confuse,mais bizarrement satisfaite.

Dès qu'on rentra dans la voiture,avant de démarrer je lui dis:Mon copain m'a trompé y'a quelques temps et la seule chose que j'ai pu faire c'est pleurer,fumer et me teindre les cheveux.C'est trop étrange à dire,mais merci d'avoir fais ce que tu as fais, je suis en train de réaliser que c'est pas nous le problème.

-C'est jamais nous le problème

Voilà comment j'ai rencontré ma vraie de vraie première amie Maria ou si vous préférez votre tante Maria.

Disons que depuis que Maria a pris sa place dans ma vie,les choses ont par la suite changés.

Et vous vous demandez ce qui s'est passé avec lulu ?Disons que ce qui est nouveau ,des fois, est mieux que ce qui est vieux.

13.Souhaits

J'ai jamais cru aux souhaits.J'ai jamais cru aux voeux qu'on fait en soufflant sur les fameuses bougies d'un gâteau.J'ai jamais cru aux souhaits qu'on fait à 11:11.J'ai jamais cru aux sous chanceux,au faite,aux objets chanceux tout court.

Enfin,j'ai jamais cru que nos voeux se réalisaient quand on voyait une étoile filante sauf le jour que j'ai rencontré votre père.

Maria est vite devenu une amie très proche de mon coeur .On était inséparables.C'est la seule que j'avais et elle m'aidait à me rebattir.A vec elle on allait à la salle de sports,on faisait les magasins et on parlait sans arrêt de nos histoires.Sans me rendre je commençais à plus agir comme celle que j'ai toujours voulu.

-Je comprends pas Maria,à chaque fois j'appelle lulu et les autres,personne me répond...tout le monde est distant.

-Wallah c'est pas des amies ses connes.

-Ca me fait mal Mari

Elle me prends par les épaules:Et ho!Tu n'es pas née avec eux,tu t'en bats!C'est leurs pertes!En plus,tu m'as moi!Maria Allaoui-Gonzales!C'est finis je te présente mes amis!

Et c'est comme ça que je suis rentré dans le monde complet de Maria.Elle trainait toujours deux gars et une fille.

Sherazade,Carlos et Ismael.

Shera était une libanaise et Carlos,un mexicain.Avec ces deux-là ça a cliqué très bien.Vous savez les enfants,j'essaie vraiment de pas trop radoter alors je vais droit au but,si je vous raconte cette partie de cette histoire et si je vous parle autant de votre tante Maria,c'est parce que grâce à elle,j'ai rencontré Ismael.

Je me souviens la première fois j'ai vu Ismael.

Moi, Maria,Shera et Carlos on mangeait au meilleur endroit du coin pour les burgers.

Carlos est parti aux toilettes et Maria est sorti répondre à un appel.

Ismael est rentré dans le restaurant et je lui faisais dos.

Dès qu'il a vu Shera,il est venu s'asseoir à côté d'elle.En s'asseyant à côté d'elle,il me remarqua et moi,son sourire m'a tout de suite rassuré

.

-Salut,je me présente moi c'est Ismael

-Salut!Aliyah.

Shera-Il fait le civilisé,mais il est sauvage.Un vrai chien de la case!

-Et toi tu crois que t'es qui avec ton gros nez qui dérange ma vue?

-Pff,allez c'était assez d'Ismael pour la semaine!Je dois aller bosser!Salut liyah!

C'est alors que je vis mon premier tête à tête avec Ismael.

-Alors Aliyah c'est ça?

-Oui exactement.

-Ta tête me dit quelque chose Wallah.

-Ah pas la tienne!

-Tu es arabe non ?

-Algérienne d'origine apparement

-Apparement ?

-Je suis adoptée!

-Ah d'accord!

-Et bien,je suis sure que toi tu te demandes d'où je viens!

-Eum non,je m'en fous un peu de ses trucs là

-Ah bon ?

-Ça change quoi si on s'entends bien?Ca n'ajoute rien non?

J'avais toujours souhaité que quelqu'un comprenne ça.

-C'est une façon de voir les choses!

-Comment tu connais Maria?

-On est voisins depuis nos 15 ans

-On viens du même coin alors !!

-Ah toi aussi?Le monde est petit!Tu connais un Adam Lofti?

-Oui,bien sûr je le connais!

-C'est un de mes meilleurs amis!

-Ça fait trop longtemps je suis pas retourné chez moi,ma famille me manque.

Ma voiture avait un problème et je n'avais pas l'argent pour la réparer.

-J'y vais la semaine prochaine,si tu veux je te dépose?

On dit qu'avec un si on change le monde,moi je dis qu'avec un oui,on le change.

Parce que si je n'avais pas dis oui,je n'aurais jamais rencontré votre père.

-Oui

14.Et si

Si je n'avais pas rencontré Yanis et qu'il m'avait pas laissé à proche de l'aéroport je n'aurais jamais connu Aymen.Si je n'avais pas connu Aymen , je naurais jamais eu une aventure avec lui,je n'aurais jamais été triste de le voir à la plage avec une autre et je n'aurais jamais pris un taxi tardif.Si je n'avais pas pris un taxi aussi tard,je n'aurais jamais eu un accident et je n'aurais jamais connu Adam.Si je n'avais jamais connu Adam,je n'aurais jamais connu Éli.Si je n'avais jamais connu Eli,je ne serais jamais sorti avec lui et je ne me serais jamais retrouvé ce soir-là au club quand il m'a trompé.Si je n'avais pas été à ce club,votre père m'aurait jamais vu.Si je n'avais pas été trompé,je n'aurais pas aidé Maria à se venger de son ex et je n'aurais jamais connu Ismael.Et si je n'avais jamais connu Ismael,je n'aurais jamais vécu cette fameuse journée.

La semaine d'après,je suis allé comme prévu chez ma mère.

Je suis rentrée chez moi en espérant trouver tout le monde,mais je n'ai que trouvé ma mère.

On discute et je lui embrasse sans arrêt les joues.

-Aliyah ,chérie,il faut que je te parle...

-Qu'est qu'il y a maman?

Elle respire profondément.

-Tes parents biologiques veulent te rencontrer.Ils m'ont contactés.

Il y aurait pu avoir une tornade dehors,je ne l'aurais pas entendu tellement dans ma tête et dans mon coeur il y avait un ouragan.

-Non!

-...

-NON! JE VEUX PAS LES RENCONTRER.C'EST TOI ET PAPA MES PARENTS!

Elle baissa les yeux,je pris ma clé sous l'effet de la confusion et je sorti de chez moi avec les larmes aux yeux.

Je courra pendant un moment.Il faisait tellement froid cette journée là.

Je suis arrivée vers le canal proche de chez moi et je regardais ma réflexion en m'appuyant sur les bords protecteurs.

Ce qui a de plus malheureux dans la vie,c'est qu'on sait jamais quand la vie peut prendre un tournant innatendue.C'est dans ses moments qu'on fait recourt à la résilience.

Je souhaitais d'une étoile qui allait me protéger et qui allait veiller sur moi.

J'avais les yeux fermés et le coeur serré.

Quand j'entends des pas maladroits à côté de moi et un homme qui dit:«Pour une fois,coopère Youyou! Tu es au niveau 10 en attitude ,j'ai besoin que tu sois au moins au niveau 2!».

Je me retourna pas,mais la situation me faisais sourire.

J'entendis une voix de petite fille qui dit:« D'accord,mais tu vas brosser mes pouliches et mes barbies ce soir! C'est payant me faire taire!».

Je me retourna en souriant et c'est là.

Exactement là.

Ce regard.

Il perda son sourire tout comme moi.

Comme si on savait....

Il s'approcha vers moi timide,mais avec mon sourire.

-Salut

-Salut,dit-je amusé.

-Je vais sonner trop bizarre,mais il y a quelques mois j'ai vu cette fille aux mille et une nuit,un vieux club .Elle pleurait parce qu'elle sortait avec un connard.Cette fille c'est probablement une de plus belle filles que j'ai vu dans ma vie.Depuis cette nuit,elle n'a jamais quitté ma tête.

Il passa une main dans ses cheveux.

-Peut-être que je croyais qu'elle avait quitté ma tête,mais je crois qu'elle se cachait pour arriver au bon moment.

Il repassa sa main dans ses cheveux.

-Si je te dis tout ça et bien parce que cette fille c'est toi.

15.Tu le saisquandtule sais

À l'âge de mes 14 ans ,j'ai été touché pour la première fois par un film romantique.C'était à propos d'une fille qui rencontrait un gars qu'elle a tout de suite qualifié l'amour de sa vie.Tout le monde la trouvait folle d'aimer quelqu'un aussi fort aussi rapidement et elle avait une phrase simple pour l'expliquer: tu le sais quand tu le sais."You know when you know" en anglais.

Avec les années je comprenais le concept,mais je comprenais pas comment c'était physiquement possible jusqu'à ce jour où tout le ciel semblait être tombé sur ma tête et je l'ai rencontré.

Je restais sans voix devant cet homme que j'avais jamais vu de ma vie.Mais bizarrement,pendant aucun instant je me suis senti en dan ger...juste profondément sous le choc.Un bon choc.

-Steu plaît tu peux dire quelque chose,mon égo commence à en prendre un coup,dit-il en riant.

Il était magnifique.La forme de ses yeux noisettes qui allaient vers le vert et ses cheveux lises bruns.Son corps imposant en muscles et son sourire.

-Désolé,je dois avoir l'air d'une folle à avoir un blanc comme ça devant toi

-C'est moi qui a l'air d'un vrai fou!

Et on échange ce sourire.Un long regard profond accompagné de sourire éclatant nos deux visages.Je me sentais en sécurité,mais en même temps bourré d'adrénaline.Je me sentais dans une espèce de bulle qu'avec lui me séparant du monde qui n'avait pas une période de temps.C'était inexplicable,mais c'était magique parce que surtout j'avais l'impression d'être au bon endroit et au bon moment.

-Je m'appelle Reda.

Et voilà comment j'ai rencontré votre père.

* une suite à chaque deux jours édition ramadan

16.La case départ

Alors il s'appelait Reda.

-Reda! Reda? Tu as finis de parler à la fille qui est trop belle pour toi? Dit-la petite fille.

Je riais déjà.

-Cette petite va me rendre fou...Yousra donne moi 5 minutes

-Donne moi quelque chose et je te donne même 6 Minutes

-Le pot de biscuits

-Continue de parler

-Je sais où maman les a caché,tu me donnes 5 minutes,je te donne 3 biscuits

-4 pas 3,un verre de lait et tu as un deal!

Il souffla un coup.-Ouais c'est bon,déguerpi s'il te plaît maintenant

Elle court en souriant.

-Désolé, le mafieux coincé dans un corps d'une petite fille de 6 ans c'est ma soeur

-Je juge pas hein

Il commença à sourire.

-Si j'avais une assurance de te revoir quelque part,je ferais les choses autrement ,mais...je dois t'avouer je fais jamais ses trucs là.Y'a un moyen que je puisse ...enfin qu'on fasse quelque chose juste toi et moi un jour?

Malgré mes multiples déceptions,je ressentais une espèce d'assurance que tout allait bien finir avec cet homme.

Il y a quelque chose qui me disait que si je ne disais pas oui à cet instant précis,je ne le reverrais pas ou si je le reverrais ,ce serait dans bien trop longtemps.Et vous savez quoi les enfants? J'avais raison.

-Oui,dit-je d'un ton hésitant.Tu n'as pas l'air de quelqu'un de mauvais.

-Tu hésites ou quoi?

-Non,j'ai juste eu ma part de mauvaises expériences

-Je te prouverais si je suis bien ou pas bien,après tu décideras ce que tu fais

Il avait un sourire aux lèvres et je n'ai pas pu m'empêcher de remarquer la couleur de sa peau:caramel.

Je lui ai donné mon numéro de téléphone et le soir même il parlait de me voir quelques jours plus tard.

C'était différent.Cette fois si c'était simple et rafraîchissant.

Il m'en faisait même oublier le fait que je devais bientôt retourner à l'université.

C'était tendue chez moi et j'évitais à trop prix ma mère.

Malheureusement, j'avais encore gardé cette mauvaise habitude de fumer.Mais tout cela allait changer grâce à lui.

Le premier rendez-vous avec votre père était un vrai spectacle de feu d'artifices dans ma vie.Je me souviens qu'il avait mis le paquet.On était dans un des plus beaux restaurant de la ville, il était venu me chercher,il m'ouvrait toutes les portes et il me faisait sentir si à l'aise. Dès qu'on s'assoit pour commander on commence une conversation sans fin.

-J'ai 20 ans et toi?

-J'ai 23 ans

Il me parla un peu de sa famille.

-J'ai une grande famille tu vois et on est tous proches.Il y a beaucoup de mélanges de cultures.

Je m'ouvrais également à lui un peu à propos d'Eli.

Toute la soirée était magnifique.Pas une seconde on levait les yeux l'un de l'autre.On était complètement obsédés l'un par l'autre ou si vous voulez être polis ,on était déjà raide dingue amoureux.

-Je dois t'avouer un truc

-Oui?

-Tu vois le soir où je t'ai vu aux milles et nuits? J'ai su qu'Adam te connaissait et je n'ai pas voulu qu'il me dise un seul truc sur toi,je voulais te connaître de moi-même.Adam a essayé de te pister,il t'a envoyé des tas de messages et il a essayé de t'appeler.Il a même conduit jusqu'à chez toi...

-Le jour même j'ai changé de numéro et j'ai déménagé...

-Adam m'a juste dit qu'il était sur et certain qu'on s'entendrait trop bien et tu connais Adam quand il veut quelque chose,il est tellement borné...

-Et dire qu'un jour aurait pu tout changer

Il souris.-Je crois que c'est mieux maintenant,tu as l'air d'aller bien et d'avoir changé pour le mieux de ce que tu m'as raconté

Je vous jure que votre père a toujours eu le don de me comprendre.

-Comment quelqu'un comme toi est célibataire? Je comprends pas!

-Ça faisait pas trop parti de mon plan...c'est pas quelque chose à quoi je pensais avant

-Pourquoi ?

-Parce que je ...je fais parti de l'armée

17.Le début de la fin

-L'armée??

-Aliya t'inquiète pas je suis pas soldat,je suis officier de la police militaire,dit-il en riant,tu aurais du voir ta petite tête!

Il riait alors que j'avais presque frôlé la crise cardiaque.Pourquoi j'étais déjà aussi attaché à lui?

-Mais si t'es pas soldat pourquoi...tu voulais pas être en couple?

-Je suis toujours à la base et des fois,on m'envoie plus loin dans le pays et y'a des possibilités que je me fasse transférer dans d'autres...pays

Il ne me devait rien et je lui ne devais rien,alors pourquoi j'étais aussi préoccupé à l'avoir que pour moi,près de moi?

-Ah d'accord,dit-je en essayant de camoufler mon inquiétude de le voir disparaître.

-Et toi tu fais quoi?

-J'étudie en informatique !

Il commence à sourire et me pose des tas de questions.En quelques instants,j'oublie cette peur de perdre et j'ai cette certitude que tout rentrera dans l'ordre.

On sort du restaurant et il se confie à moi.

-J'ai jamais réellement rêvé faire parti de l'armée,mais à la maison on avait besoin d'argent et je voulais juste faire une différence dans ce petit monde plein de corruption.Si tu savais combien j'ai d'amis qui disent nike la police,ça me fait rire chaque fois.Mais je suis fier de moi,ça a tellement été difficile de devenir officier.

-Les tests ne sont pas faciles?

-Non c'est pas ça.

Il commence à sourire.

-Être arabe est une chose,mais être arabe et noir en est une autre.Et si tu rajoutes en plus musulman,oublie!

J'arrête de marcher.

-Reda tu es arabe et noir?

-Bah oui,tu croyais que ce chocolat au lait avec du caramel c'était juste mon côté arabe?

-Et bien y'a des tas d'arabes foncés donc je savais pas...

-J'ai jamais trouvé ça important les origines de tout façon,c'est pour ça j'en parle pas.Si je te kiffes,je te kiffe ca n'a rien avoir avec d'où tu viens...

Ce moment était comme dans les films .

-Je comprends ce que tu veux dire Reda,je comprends tout à fait.

Et c'est à ce moment-là,qu'il prend ma main et on continue notre chemin.

-Mais si tu dois savoir qui je suis,alors voilà :je suis musulman et je tiens à ma religion.Je suis pas le gars qui va à la mosquée,mais ici (il prends ma main et la pose sur son coeur) j'essaie d'avoir le bon comportement.Ma mère est algérienne et mon père est haïtien.Même si j'ai toutes ses étiquettes,je suis juste Reda.

Mon coeur battait de plus en plus fort et je restais muette.

-Qu'est-ce qu'il ya Aliya?

-Je...je suis adoptée.

-...

-Mes parents biologiques étaient algériens les deux et mes parents adoptifs sont haïtiens donc...

Ses yeux s'illuminaient complètement.

-Donc on se comprend...

Votre père et moi on était fait l'un pour l'autre dès le départ.C'était indéniable.

Les rendez-vous avec lui s'empilaient l'un après l'autre.Chaque moment de libre qu'on avait,on le passait ensemble.Et puis un jour alors qu'on mangeait les meilleurs beignes de la ville,il me regardait avec toutes les étoiles dans le ciel dans les yeux.

-T'as une tâche de chocolat,attends je te l'enlève

Il m'essuie le coin de la bouche et il m'embrasse spontanément.Un baiser qui me faisait regretter que ce n'était pas lui mon premier baiser.

-Aliya je m'en fou,t'es ma copine...je veux pas perdre plus de temps, c'était juste fait pour arriver

[...]

Une semaine plus tard.

J'étais seule dans le parc à côté de chez moi.Je fumais une cigarette en cachette. Tout à coup je sens qu'on m'enlace de dos,je me retourne et je vois le sourire de Reda disparaître.

-T'es sérieuse? Tu fumes cette merde?

Je m'assois par terre et j'évite son regard.

-Écoute je me suis améliorée,avant c'était trois chaque jour,maintenant ce n'est qu'une seule...

-Aliya arrête de fumer ,c'est pas bon pour toi cette connerie

-Mais je te dis que je fume pas tant que ça

Il prend doucement la cigarette de mes mains et s'accroupit à mon niveau.

-Je vais passer ma vie à faire en sorte que si je meurs,tu pourras te débrouiller.Mais si toi tu meurs,ce sera le noir complet j'y arriverais pas Aliya.La vérité est que tu es trois fois plus forte que moi.

Et ce jour-là,j'ai décidé d'arrêter de fumer.

18.Je t'aime

Reda?

-

Il se retourne l'air un peu perturbé.Il avait la tête ailleurs depuis qu'il m'avait rejoins sur cette colline.

Assis à côté de moi,il prit mes mains et les regarda longtemps.

-Je suis tellement fier de toi...je savais que tu allais arrêter de fumer.

-Tu es la seule personne qui m'a vraiment convaincu

Il commence à sourire,mais d'une manière différente.Il avait les yeux pétillants et je le sentais me fixer alors que je regardais le ciel se décorer des plus belles étoiles.

Il y avait un pur silence de la nuit alors que je regardais toujours à l'horizon en train d'avoir une pensée futile.

-Je t'aime.

Je me retourne vers lui réalisant qu'il m'a dit les mots les plus beaux de la langue française.

-Vraiment ?Pour vrai?

-Wallah,dit-il en prenant mon visage dans ses mains.Même que je t'aime c'est pas assez pour décrire ce que je ressens quand je suis avec toi.

-Je t'aime de la lune jusqu'ici Reda.

Je prends sa main, je lui pointe la lune et je continue.

-Chaque jour le coeur crée assez d'énergie pour conduire un camion au moins 32,1869 kilomètres .Dans une vie,c'est l'équivalent de conduire de la lune et de son retour vers la terre.Alors,quand je te dis que je t'aime de la lune jusqu'ici ,je te dis essentiellement que je t'aime avec mon sang qui pompe dans mon coeur toute ma vie entière.

Il me donna un long baiser.Un baiser rempli d'amour,de sensibilité et de sincérité.

-Je veux me souvenir de ce moment pour longtemps omri

Il jouait beaucoup avec ses mains de manière nerveuse.

-Qu'est ce que t'as Reda ?

-Je me suis fait assigner à une nouvelle base à l'armée.

-D'accord et c'est quoi le problème?

-Je vais être transférer en Colombie pour les prochains mois.

19.Distance

Je repousse ses mains et me lève loin de lui.

-Quoi?! Colombie?! Depuis quand tu savais?

Il me suit alors que je recule.

-Depuis hier soir.

-Tu vas partir quand?

-Dans deux semaines...

Je ferme les yeux et j'essaie de canaliser cette boule d'émotion dans mon estomac.Le vent frappa mon visage et j'évitais son regard.Il essaya de s'approcher et parlait doucement.

-On va s'écrire,on va s'appeler,on va même se skype bébé

Je faisait signe non de la tête avec les larmes qui coulaient et je crois que lui était aussi ému que moi.

-Tu sais très bien ce que je pense des relations à distance! Je sais aussi que tu penses exactement la même chose!

-C'est nous,on est pas tout le monde!Aliyah et Reda,Reda et Aliyah.On est une équipe toi et moi.Pour toujours.

Il me laisse pas répondre qu'il m'embrasse fougueusement.Un baiser que cette fois ni moi ni lui semble arrêter.Cette fois-ci,on ne s'arrêta pas à un baiser.Les barrières étaient tombées.

Ma mère m'a dit un jour qu'il y avait quelqu'un fait pour tout le monde,mais qu'un seul choix pouvait faire en sorte qu'on les perde à jamais.

Peut-être si ce soir-là on ne s'était pas donné l'un à l'autre,si on ne l'avait pas fais,peut-être bien que je ne vous parlerais pas les enfants...

20.L'étape dificile

J'aurais voulu avoir connue Dieu.

J'aurais voulu avoir fait les choses différemment dans le temps.

J'aurais voulu avoir fait les choses bien face à Dieu.

J'aurais voulu avoir connu la religion quand j'ai rencontré Reda parce que je ne suis pas fière de ce qu'on a fait,je n'ai pas honte de vous avoir eux les enfants,mais juste de comment nous avons fais tout ça.

Adam avait cette petite maison sur la colline qu'il avait passé à Reda pour qu'on passe la nuit à la vue des étoiles.

Sachez une chose les enfants,même si je regrette comment tout s'est déroulé,je ne regrette pas de vous avoir eu parce que maintenant j'ai deux êtres humains avec mon adn et celui de l'amour de ma vie.

Comme Victor Hugo a écrit un jour:Je ne suis rien,je le sais,mais je compose mon rien avec un morceau de tout.

Les deux semaines restantes avec Reda ce sont passées si vite,même trop vite.J'étais complètement dans le déni qu'il allait me laisser seule pendant trois mois.

Quand est venu le jour où il devait me quitter,on était dans un parc d'attraction et on est allé dans une grande roue afin de profiter de la vue.

-Tu sais je réalise pas que tu ne seras plus là demain...

-Ali...

-Je ne te l'ai pas dis,mais mes parents biologiques veulent me rencontrer et je suis incapable de prendre ce pas

-Alors ne le prends pas maintenant

-...

-Il y a pas une règle de temps

Il commence à sourire et me raconte que son film préféré est l'étrange histoire de Benjamin Button.Quand je lui demande pourquoi,il me dit à cause d'un extrait qui a changé sa manière de voir les choses.

-Il n'est jamais trop tard pour être ce que l'on veut être. Il n'y a pas de limite, on s'arrête quand on veut. Tu peux changer, ou rester la même — il n'y a pas de règle pour ces choses. Nous pouvons en faire le meilleur ou le pire. J'espère que tu en feras le meilleur. J'espère que tu verras les choses qui te surprendront. J'espère que tu ressentiras des choses que tu n'as jamais ressenti. J'espère que tu rencontreras des personnes avec un point de vue différent. J'espère que tu vivras une vie dont tu seras fière. Si tu trouves que ce n'est pas le cas, j'espère que tu auras la force de tout recommencer.

Ses belles phrases je m'en souviendrais toute ma vie et je les prends avec moi jusqu'à la fin.

Le soleil s'est couché devant nos yeux et nous savions tous les deux que cela voulait dire au revoir.

Il prenait mon visage dans ses mains avec un sourire triste.Il avait les larmes aux yeux et moi je pleurais doucement.

-Tu vas même pas sentir que je serais parti,tu seras tellement occupée et on va skype tous le temps

Je hochais la tête.

-Fait attention à toi

-Je ferais de mon mieux pour pouvoir revenir et faire attention à toi

Les semaines qui ont suivis étaient difficiles parce que ne pas le voir me tuait.Je pensais à lui constamment et ça me tuais de pas pouvoir sentir sa présence.Bizarrement,j'etais constamment malade sans savoir ce que j'avais.

Reda me parlait souvent de l'Islam et me disait que depuis notre séparation il priait cinq fois par jour.Il disait que ca l'apaisait et qu'il voulait les choses bien.Si j'avais su que son voyage allait l'empêcher de faire les choses biens par la suite,je ne l'aurais jamais laissé monter dans cette avion...

21.Pièces de monnaies

Si seulement on m'avait appris que certaines personnes sont comme des pièces de monnaie,deux faces et aucune valeur.

Sans Reda,tout ce que je faisais semblait être dix fois plus lourd.L es cours m'empêchaient de penser à lui,mais après les cours je me surprenais à m'ennuyer auprès de Maria et compagnie.Je pensais constamment à lui et je commençais à croire qu'aussi bizarrement que ça puisse sonner la douleur psychologique était devenu aussi physique.J'avais des étourdissements,le matin je vomissais et j'étais toujours fatiguée.Mes seuls moments de joies étaient ses appels et ses rendez-vous sur skype une fois chaque deux jours.

La Colombie semblait le réussir,mais le connaissant il faisait sûrement semblant de pas souffrir pour ne pas que je m'inquiète.

J'étais misérable.Je me sentais la plus heureuse au monde de l'avoir que pour moi,mais je n'avais pas pu profiter de lui assez longtemps .On me l'avait enlevé et j'avais cette peur constante qu'il trouve une autre femme ou qu'avec la distance notre couple fonctionne plus ou bien qu'il se plaise tellement dans le pays qu'il ne veut plus revenir ou pire encore qu'il se blesse.J'avais un pressentiment qu'une des quatre possibilités se réalise et j'ai finis par avoir raison,mais ça c'est pour plus tard.

Après deux mois et demie d'une routine mélangé de dépression et d'anxiété,Maria s'inquiétait vraiment pour moi.

-Je comprends que Reda te manque ,mais tu ressembles à de la merde ayayaye!

-Écoute je suis malade laisse moi tranquille!

-Mais ta maladie est pas normale...tu veux pas voir un médecin?

-Mais non c'est rien

-Tes pieds sont tellement gonfles,on dirait des pattes d'éléphants

Elle commençait à rire.

-...

-La seule personne que j'ai vu avoir des pieds comme ça c'était ma cousine et elle était enceinte

Elle arrête de sourire et moi je commençais à paniquer un peu.

Je dis rien alors qu'elle m'examine.

-Je veux dire Reda et toi vous avez chicaboumboum?

-Oui...quelques fois...mais...

-Ah tu sais ce qu'ils disent,ça ne prend qu'une fois!

Je jette mon bouquin et je commence à ronger mes ongles.

-Panique pas Ali,viens on va à la clinique de femme enceinte à 30 minutes d'ici,on sera fixé!

Alors c'est ce qu'on a fait et une heure plus tard,je pissais dans un petit contenant.

J'attendais patiemment avec Maria qui essayait de me changer les idées et le médecin est venu.

Bon il y avait trois choses inévitables que m'avaient appris cette clinique.

1.J'étais enceinte de Reda.

2.Gabriella (ma meilleure amie d'enfance,"lulu") était là aussi et elle était visiblement enceinte.

3.Je connaissais très bien,même trop bien le père de son enfant qui était avec elle dans la salle d'attente et maintenant,je comprenais pourquoi elle ne me parlait plus.

Et vous savez qui était avec elle ?

Eli.

22.Pour toiReda

Quand tu aimes quelqu'un,ton esprit se rempli de tous les bons souvenirs que tu as de cette personne.Quand tu aimes la bonne personne,ton esprit se remplit de l'amour ,de certitude et de la confiance que cette bonne personne t'a donné.

Quand tu aimes la bonne personne,ton esprit ne qualifie des moments que tu as eu comme étant des bons ou des mauvais souvenirs ,mais seulement des souvenirs que tu prends pour le meilleur et pour le pire.

Quand tu aimes quelqu'un,il y a des possibilités que tu changes.Soit pour le meilleur,soit pour le pire.Quand tu aimes la bonne personne,tu grandis,tu mûris et tu deviens qui devais toujours être.

Si Reda m'avait appris quelque chose c'est que dans la vie il faut apprendre à pardonner,à laisser les choses aller et de ne pas être rancunière parce qu'au bout du compte ça ne donne absolument rien.

Alors quand je vais la fille que je considérais ma meilleure amie d'enfance enceinte de mon ex,j'ai décidé de continuer ma route parce que je savais que faire une scène n'allait rien changer et n'allait pas faire en sorte que sa trahison disparaisse.Au contraire, je me souviendrais pour toujours du jour où mon amie est devenu une étrangère,mais surtout une ennemie,mon ennemie.

Après ça,j'ai commencé à réellement paniqué.Qu'est ce que Reda allait dire de tous ca?Qu'est-ce que j'allais bien pouvoir faire?Tant de questions,mais j'avais peu de réponses pour chacunes d'entre elles.

Chaque fois qu'il m'appelait,je ne trouvais pas le courage de lui dire.

Pendant une semaine complète je gardais nos conversations brève tous simplement parce que le stress me mangeait de l'intérieur.Je cogitais sans arrêt.Jusqu'au fameux vendredi.C'etait le dix-septième jour du mois.Adam m'avait dit qu'il fallait absolument que je vienne le voir en ville.Il avait tellement insisté qu'on se voit dans ce fast-food que j'ai finis par accepter.

Il était environ huit heures du soir et le ciel était bleu foncée.

J'étais debout attendant à côté d'une table.

Peut-être si je me confiais à Adam,cela me soulagerait?

J'étais dans la lune quand j'entends quelqu'un derrière moi qui dit:Mademoiselle?

Cette voix je la renconnaitrais parmis des milliers d'autres.Cette voix grave et viril qui avait le don de m'envoyer automatiquement sur un nuage rose.

Je me retourne et je vois Reda dans son uniforme de l'armée.Les larmes me viennent automatiquement aux yeux et je lui saute dans les bras.

Il met automatiquement sa main dans mes cheveux et me serre tellement fort au point que je forme que un avec lui.Je ferme les yeux sous sa tendre carresse et son parfum me réconforte automatiquement. J'ai plus d'un million de sensations dans mon corps,mais je me sens plus complète à ses côtés qu'autre chose.

-Tu m'as tellement manqué,chuchota-t'il aussi ému que moi.

Ca faisait deux mois et demie que je ne l'avais pas vu et il avait tellement changé.Enfin,il n'avait pas vraiment changé,mais vous savez quand ça fait tellement longtemps que nous avons pas vus depuis quelqu'un,on a cette impression qu'on les découvre à nouveau une autre fois.

-Qu'est ce que tu fais ici?,dit-je complètement à cours de mots.

Il me serre le visage et fais son petit sourire triomphant.

-J'ai demandé une semaine de retour,je devais m'occuper d'un truc ici

-Ah et c'est quoi?

-Tu verras bien,dit-il en souriant encore plus.

On était dans notre bulle et je ne pouvais pas demander à cet instant exact jusqu'on entend un rire très fort et strident.Je me tourne et je vois imbécile numéro 1 et numéro 2.

-Y'a gabriella et Eli la bas,dit-je en soupirant.

Il les fixent.

-En général,les rats restent entre eux.

Gabrielle n'arrêtait pas de rire et Eli il me fixait.Reda me prend la main et je sens la chaleur qui bouillante dans son corps.Il s'approche de leur table et regarde Eli.

-Tu sais que je sais utiliser un fusil et que j'ai le permis de l'utiliser hein?Je peux très bien faire un " accident",dit-Reda.

Il avait un de ses sourires,il était trop fier de lui.Il prends encore ma main et on dégage de ce trou à rats.

On rentre dans ma voiture et il me regarde les yeux brillants.C'est là que la réalité me frappe.J'ai devant moi l'homme le père de l'enfant que je porte dans mon bedon.

-Tu te souviens de Azhar?demanda-t'il

-Oui ton grand frère? Celui dont tu m'as parlé?

-Oui j'aimerais que tu le rencontre enfin...

-Quand?

Il regarde son téléphone en riant.

-Maintenant?

-Quoi?!Mais je ressemble à rien et je...

-Mais non t'es trop belle et c'est moi où je sais pas y'a un truc différent ?

Je me comptais heureuse que ça faisait moins de trois mois que j'étais enceinte parce qu'à partir du troisième mois,ça devient chaud.Je me souviens avoir vu un documentaire sur les femmes qui étaient enceintes et qui ne le savait pas jusqu'à ce qu'elle accouche.Bref.

-Non pourquoi?

-Je sais pas on dirait tu es différente...

Il m'embrassa tendrement,me rappelant notre chimie parfaite.

-Bon on va voir Azhar,il est à cinq minutes d'ici.

On marche jusqu'à ce qu'on trouve un homme devant sa voiture.

Il se retourne et on se regarde les deux avec les yeux grands ouverts.

-Tu es caramel!!Tu es celui qui m'a aidé avec ma soeur?! Je rêve pas non?

-Ta soeur? C'était ta soeur? Pourquoi elle est noire et pas toi?

Il regarde Reda.

-Je suis perdu les gars!

Reda commence à rire et je lui alors explique qui je suis et démêle la situation pour tout le monde.

-Et ben je vais pas te mentir,ta soeur elle est grave mignonne

En toute honnêteté les enfants je comprenais pas pourquoi votre père avait choisis de toutes les soirées cette nuit-là pour que je rencontre son frère.J'ai encore moins compris la rapidité qu'il a voulu que je rencontre ses parents.J'étais encore plus perdue quand il a rencontré mes parents et qu'il s'est créé sa propre place dans ma famille.Je ne veux pas m'attarder sur ça les enfants ,je veux juste que je vous compreniez qu'avec votre père c'était simple.Il n'y avait pas de jeu ou de prise de tête,on franchissait chaque étape de notre relation au même rythme.C'est ça le vrai amour,une communication non communiqué,une connexion directe entre les deux coeurs.

Tout ce que je sais,c'est que pendant 6 jours votre père passait tous son temps avec moi,il ne me lâchait pas une seule seconde,mais ce qui me frappait le plus c'était qu'il n'arrêtait pas de m'admirer.Il se mordait les lèvres sans arrêt.

On aurait dit que lui aussi il me cachait quelque chose.

Mais ce jeudi soir à 18h36 je me souviendrais pour toujours de cet instant

Je pliais ses vêtements tranquillement dans sa valise à ses côtés.Les cheveux dans tous les sens,des cernes sous les yeux et un air à moitié endormi.

On entendait les cigales par la fenêtre et il y avait le bruit du vent également.

-Aliyah...il faut qu'on parle

-Ouais,dit-je en continuant de trier ses choses.

-J'ai réfléchis et je trouve que toi et moi on va nulle part

J'arrête ce que je fais et je le regarde.

-Euhh pardon?

Il avait un air sérieux.

-Mais c'est vrai tu sais même pas où on se dirige

Je laisse tomber son t-shirt.Mon coeur tombe en même temps.

-C'est quoi? Tu ne veux plus que je sois ta copine?

Je voulais pleurer,je me retenais parce que je n'y croyais pas une sec onde.Pourquoi on doit toujours perdre ce qu'on veut le plus garder?

-Non j'en ai plus envie

Je le regarda droit dans les yeux alors qu'il venait de briser mon coeur en milliers de morceaux.

-Pourquoi?Dis-moi au moins pourquoi ...

Il se penche et il avait les yeux brillants comme s'il était ému.

-Parce que je veux que tu sois ma femme,dit-il en ce mettant à genoux.

Il sort une bague de sa poche.

-Tu veux bien être ma femme?

Et quand l'amour de votre vie vous demande en mariage vous dites quoi? Vous dites oui bien sûr.Vous ne réfléchissez au pourquoi du comment.

Alors j'ai dis oui et je ne pourrais décrire ce sentiment qui rempli mon âme.Reda m'a expliqué qu'il lui restait une semaine en Colombie et quand il reviendrait on réfléchira au reste.Il me disait comme quoi à partir du moment qu'il sera marié,il pourra demander que des missions locales et non internationales.Tout semblait parfait.Il est reparti en Colombie et je me souviendrais encore de son sourire avant de monter dans l'avion.Un décompte de 7 jours et il serait de nouveau à mes côtés.Dans une semaine je lui dirais donc pour le bébé et on pourra vivre la vie qu'on a toujours voulu.

Chaque jour je patientais longuement.Pendant mes cours je fixais ma bague et chez moi,je fixais mon téléphone en attendant un appel.

Les jours ont passés et il restait vingt-quatre heures avant qu'il revienne.

Je me souviens j'avais un examen et j'avais tant de difficulté à me concentrer.

Je sors de l'examen et je vois des tonnes d'appel manqué d'un numéro inconnu.

Je rappelle le numéro et je tombe sur la voix de Azhar son frère.

-J'espère que je te dérange pas

-Non je sors d'un examen,pourquoi tu m'as appelé?

-Euhh ,Reda a eu un accident en Colombie...il y a eu une manifestation qui a tourné en baston et il est vraiment vraiment blessé.Il est hospitalisé là-bas ce moment,mais il peut pas revenir tant que son état n'est pas stable.

Je ferme les yeux et je sens déjà mon monde s'écroulé devant moi.

-Aliyah,prie pour lui.On va tous prier pour lui.Je t'appelle si j'ai d'autres nouvelles.

-D'accord

-Prends soin

Il raccroche et je commence à pleurer.Alors que je suis dans un couloir vide d'école,les larmes coulent une après l'autre.

Deux semaines plus tard.

Je dormais quand je reçois un appel.

-Allô

-Salut c'est Azhar

-Ahh salut

-Ça va?

-Ça pourrait aller mieux

-Tu dormais ou quoi?

-Oui tu m'as réveillé

-J'ai bien fais parce que Reda est de retour belle-soeur!

Je me sursaute.

-Quoi?!

-Oui il a été transféré dans l'hôpital à côté de chez mes parents.Son état va mieux je crois

-Tu l'a vu?

-Non j'attend que le médecin nous disent qu'on peut rentrer.Viens le voir!Je t'envoie son numéro de chambre tout de suite.

En même pas dix minutes je suis dans ma voiture et en quarante cinq minutes,les yeux bien ouverts je gare ma voiture dans le stationnement de l'hôpital.

Je regarde le message plus tôt qu'Azhar m'a envoyé pour retrouver la chambre de Reda.

J'arrive enfin et j'envoie un message à Azhar que je suis juste devant la chambre qui est d'ailleurs complètement couverte par des stores.

Azhar sort de la chambre.

-Il est où?

Azhar ferme la porte derrière lui.

-...

-Il est dans cette chambre non?Laisse moi rentrer.

-Je crois pas c'est une bonne idée...

-Mais t'es sérieux là?

-...

-C'est toi qui m'a cassé la tête avec ton appel pour que je viens et là tu changes d'avis?

-...

-Mais parle non?

-...

-Je m'en fou,je rentre !

J'avais la main sur la poignée quand il m'arrête.

-Il ne se souvient pas

-Se souvient pas de quoi??

-De tout...De toi.Il se souvient pas de cette dernière année.Il a eu une commotion cérébrale.Les docteurs ont dit que si tu lui dis qui tu es pour lui,il va avoir un choc.Il va peut-être jamais ravoir ses souvenirs.Reste patiente peut-être que...

Et le reste ce que disait Azhar était flou.C'est comme si je n'étais plus capable de l'écouter Je ne me souviens pas de la force que j'ai eu pour retourner chez ma mère.J'étais comme un robot.Je me souviens avoir pleurer dans ma voiture pendant une heure sans arrêt .Je me souviens avoir essuyé mes larmes et avoir senti la bague sur mes joues.

Je l'ai fixé et c'est là que tout m'est venu.Je me suis assise devant le bureau de ma chambre et j'ai écrit l'histoire de comment qu'on s'est rencontré toi et moi dans le seul but que tu te souviens.

Tu m'as tellement manqué.Ses derniers temps ont tellement été douloureux pour moi.De savoir que l'amour de ma vie m'avait oublié a été et ce sera pour toujours le plus grand bris de coeur de ma vie.

Je ne voulais pas laisser tomber notre histoire d'amour sans que j'essaye de te rappeler ce que nous avons battit ,sans que tu connaisses à nouveau notre histoire.Comme dans toute construction d'une maison,il y a toujours un qui prends sa pause dîner ou qui se repose quelques instants parce qu'il est beaucoup trop fatigué ,tu avais droit à ce repos,mais j'ai besoin que tu me reviens maintenant.J'espère que si tu es arrivé ici,tout commence à te revenir.Dans notre histoire,je la décris comme si je parlais à mes enfants ,des enfants qu'on aurait toi et moi.La vérité c'est que Reda tu vas être mon mari et tu vas être papa.

Et si tu as lu notre histoire jusqu'au dernier mot,j'espère que tu te souviens de moi,de nous.

Je t'aime.

Est cequ'ily a unesuite ?

Quelques personnes m'ont demandés qu'est-ce qui ce passe après que Reda ait lu la lettre?Est-ce qu'ils finissent ensemble? Est ce que Aliya garde ses enfants?

Enfin,est ce qu'il y aura une suite?OUI IL Y AURA UNE FIN,LISEZ DES PARTIES PLUS LOIN MAIS AUSSI: il y a un « cross-over »!

Pour celles qui la lisent,vous devez savoir que Sabri fait partie de la police et Reda est un officier...bref j'en dis pas plus.

Pour celles qui ne veulent savoir que ce qui s'est passé sans avoir à lire mon histoire ,je vous dirais dans quelle partie le tout sera révélé.

Et enfin,celles qui se demandent c'est à propos de quoi ton histoire?

Bon pour la première fois,il y aura du mystère dans mon histoire.

C'est l'histoire d'une jeune femme au caractère dur qui s'appelle Amra qui a pour métier d'ambulancière.Elle réanime un jeune homme d'un accident qui lui demande de la sauver et de mentir à la police sinon on risque de le tuer.C'est à ce moment là qu'elle fait la connaissance du policier Sabri qui a l'air plus malin qu'il en a l'air....C'est une histoire qui n'est pas comme elle semble l'être.

Ma nouvelle histoire s'appelle LE TEMPS D'UN ACCIDENT.

CPSIA information can be obtained
at www.ICGtesting.com
Printed in the USA
LVHW012110291122
734192LV00014B/691

9 781837 612338